Documents manquants (pages, cahiers...)

NF Z 43-120-13

Henri WELSCHINGER

# NOTES ET SOUVENIRS DE M. THIERS

## 1870-1871

LA CHAPELLE-MONTLIGEON (Orne)

IMPRIMERIE-LIBRAIRIE DE NOTRE-DAME DE MONTLIGEON

1903

*Extrait de « LA QUINZAINE » du 16 Août 1903.*

# NOTES ET SOUVENIRS DE M. THIERS

## 1870-1871

Dans une étude sur le *Libérateur du Territoire*, qui a paru dans la *Quinzaine* des 16 mars et 1ᵉʳ avril 1903, j'ai utilisé les deux volumes de Correspondances inédites publiées par Mˡˡᵉ Dosne. Je tiens de sa libéralité un autre volume, non moins précieux, intitulé : *Notes et Souvenirs de M. Thiers*, qui est divisé en quatre parties principales : « Voyage diplomatique. — Proposition d'un armistice. — Préliminaires de paix. — Présidence de la République. » M. Thiers n'a pas écrit de Mémoires; ce sont seulement des notes relatives à la part considérable prise par lui aux graves événements qui ont accompagné et suivi la dernière guerre et à sa présidence de la République pendant trois années. « Ces notes, dit l'éditeur, que M. Thiers aurait consultées, s'il avait eu le loisir d'écrire ses Mémoires, n'ont pas même été relues par lui. Telles quelles pourtant, leur intérêt est grand; car les faits qu'elles révèlent permettent d'apprécier le véritable caractère des événements, qui, de 1870 à 1873, firent dépendre le sort de la France de la sagesse et du dévouement de M. Thiers. »

Je ne veux étudier actuellement que les trois premières parties, les moins connues d'ailleurs, concernant la guerre de 1870-1871, réservant pour un examen ultérieur, car cela m'entraînerait trop loin, la partie qui traite de la présidence de la République. Il est peu de documents contemporains, comme on le verra bientôt, qui aient plus d'intérêt que les documents dont je vais me servir et auxquels, chemin faisant, j'ajouterai les notes que j'ai eu soin de recueillir personnellement à l'Assemblée nationale. Quelques jours après la révolution du 4 septembre, M. Thiers accepta du gouvernement de la Défense nationale la pénible et délicate mission de visiter les différentes Cours européennes, pour provoquer, s'il était possible, une intervention en notre faveur. « Vous allez, j'en suis sûr, lui écrivait M. Jules Favre, rendre la paix au monde, et votre nom, déjà si illustre, demeurera immortel, comme celui d'un des bienfaiteurs de l'humanité. Il sera également cher aux défenseurs de la liberté; c'est pour elle que vous vous dévouez. Vous avez pour vous le bon droit, et le drapeau que vous voulez bien porter à Londres, Pétersbourg et Vienne est celui sur les plis duquel la main de Dieu a écrit : *In hoc signo vinces.* »

Le 12 septembre, M. Thiers quitta Paris par le dernier train du chemin de fer du Nord, car l'officier du génie chargé d'intercepter les communications lui avait déclaré qu'il avait attendu son passage pour faire sauter le pont de Creil. Il arriva, le 13, à sept heures du matin, à Londres et descendit à l'hôtel de l'ambassade française. A midi précis, lord Granville vint le trouver pour lui épargner la peine de se rendre au Foreign-Office. La conversation fut longue et amicale. M. Thiers dissipa plus d'une erreur en prouvant que la France n'avait pas voulu la guerre et que la Chambre elle-même ne s'était laissé entraîner le 15 juillet que par le coupable mensonge d'un prétendu outrage fait à la France. On ne connaissait pas encore la falsification de la fameuse dépêche d'Ems et l'immense responsabilité qui revenait de ce fait à M. de Bismarck. Lord Granville, sur une demande de M. Thiers, traita de chimère l'intrigue imaginée par quelques bonapartistes, tendant à rétablir l'empire sur la tête du prince impérial, avec la régence de l'impératrice. Arrivant aux questions urgentes, M. Thiers voulut savoir ce que ferait l'Angleterre; il rappela notre alliance de quarante ans, notre confraternité d'armes en Crimée et la loyauté de notre conduite pendant la guerre de l'Inde. Làdessus, lord Granville se confondit en témoignages d'affection pour la France et, avec une grande douceur, s'attacha à éluder tous les efforts de M. Thiers. Certes, l'Angleterre aurait bien désiré venir à notre secours; mais ne pouvant faire la guerre, parce qu'elle n'en avait pas les moyens, elle ne tenait pas à s'exposer, au nom des Neutres, à déplaire à la Prusse et dès lors à desservir notre cause. C'était la politique d'inertie qui consiste à éviter toutes les grosses affaires. Tout en reconnaissant que l'ambition de la Prusse devenait effrayante, l'Angleterre aimait mieux se boucher les yeux et les oreilles plutôt que de voir ou d'entendre. L'idée d'une grande guerre l'épouvantait, et l'idée d'une démarche qui, repoussée, la placerait entre un affront ou le recours aux armes, l'épouvantait au moins autant.

Lord Granville finit par conseiller à M. Thiers d'aboucher directement M. Jules Favre avec M. de Bismarck. M. Thiers déclara qu'il n'était pas opposé à une telle démarche, mais qu'il fallait auparavant s'assurer d'une réponse favorable et que dès lors il conviendrait que l'Angleterre se fît l'intermédiaire de cette proposition. Lord Granville répondit qu'il allait s'entendre avec M. Gladstone. Le même jour, à six heures du soir, M. Gladstone se présenta à l'ambassade. Il était doux, grave, amical, mais profondément attristé par les événements. Il accepta que l'Angleterre se fît l'intermédiaire d'une proposition tendant à obtenir une entrevue entre M. de Bismarck et M. Jules Favre. « Il faut, demanda M. Thiers, qu'en portant le message de paix, l'Angleterre réclame son acceptation comme un devoir envers l'humanité. Il faut qu'elle parle au nom de l'Europe; il faut enfin qu'elle demande une paix équitable et durable qui ne porte pas atteinte à l'équilibre européen. — Oui, répéta plusieurs fois M. Gladstone, oui, lord Granville dira cela... » M. Thiers, après cette conversation, retourna voir lord Granville qui lui parut toujours aussi soigneux de ne pas mettre le doigt dans un engrenage qui pourrait saisir le bras, puis la personne tout entière. Sur ses efforts réitérés, le ministre des Affaires étrangères l'arrêta en disant : « N'insistez pas davantage; nous voulons être simples intermédiaires sans appuyer aucune solution. Mais nous faire recommander une paix qui n'apporterait pas à l'équilibre européen plus de dommages qu'il n'en a déjà reçu, c'est nous faire entrer dans la négociation et prendre parti pour telle solution contre telle autre. Je ne sais si plus tard nous ne devrons pas aller plus loin, mais aujourd'hui déjà, nous faisons un pas au-delà des limites que nous nous étions tracées ; contentez-vous-en et ne nous demandez pas ce que nous ne pouvons pas faire. »

M. Thiers se montra attristé et mécontent d'une ancienne alliance qui aboutissait à si peu d'assistance au moment des grands périls, mais il se garda bien de commettre l'imprudence d'irriter sans rien gagner. Le 15 septembre, il avait eu connaissance de la dépêche de lord Granville à M. de Bismarck qui recommandait assez chaudement l'acceptation de la proposition faite par M. Jules Favre de se rendre au camp prussien. « Le premier pas de l'Angleterre est fait, écrivait-il ; je ne désespère pas de lui en voir faire d'autres... J'espère ne pas avoir tout à fait perdu mes peines en voulant l'amener à une certaine intervention. » Sans doute, M. Thiers avait conçu de plus hautes espérances, mais se jeter dans une guerre pour prévenir des éventualités redoutables dépassait alors le courage de l'Europe, et l'Angleterre, qui allait laisser à la Prusse la liberté de tout entreprendre, devait un jour s'en repentir, comme la France s'était repentie de sa non-intervention en 1866.

Après le peu de succès de sa mission à Londres, M. Thiers avait pensé un moment à se rendre de Cherbourg en Russie par la voie de mer ; mais sur les observations de l'amiral de Gueydon, qui ne pouvait escorter son navire avec ses gros bâtiments jusqu'au point où il serait hors de la portée des Prussiens, il se décida à prendre la voie de terre. Lorsqu'il eut été informé de la situation militaire par l'amiral Fourichon, il voulut d'abord se rendre à Vienne. Il y arriva le 23 septembre. Le 24, il entra en conférence avec le ministre des Affaires étrangères, M. de Beust. Il en reçut le plus aimable accueil. « De haute taille, dit M. Thiers, avec quelques prétentions pour sa personne, toujours souriant, fin, spirituel, c'est l'homme, parmi tous ceux que j'ai connus, qui a le moins l'air de croire à ce qu'il dit, relevant volontiers les fautes de l'ancienne Autriche, n'oubliant que celle qu'il lui fit commettre, lorsqu'il l'entraîna en entraînant la Saxe à se mêler des affaires du Danemark. » Après un récit très franc de la déclaration de guerre et la constatation que la République était le seul gouvernement possible en France. M. Thiers ajouta : « Maintenant, il faut voir ce que les puissances peuvent pour nous : si elles sentent l'immense intérêt de l'Europe à ne pas laisser la Prusse libre de tout faire et si elles ne vont pas, chacune en ce qui la concerne, commettre la même faute que Napoléon III après Sadowa. » M. de Beust fit observer que l'armée autrichienne avait besoin de temps pour achever sa réorganisation ; que les premiers revers avaient bouleversé toutes les têtes ; que les Hongrois étaient moins disposés que jamais à intervenir ; que presque toute la presse était gagnée à M. de Bismarck et que la Cour elle-même n'osait rien faire qui pût attirer soit de Prusse, soit de Russie, l'orage sur l'Autriche. Sur ce, M. Thiers convint avec M. de Beust de s'arrêter à Vienne en revenant de Russie. « Il faut que vous reveniez, dit le ministre, pour nous apprendre ce que veulent les Russes. Nous pourrons ainsi mieux conformer à leur conduite celle que vous attendez de notre part. » M. Andrässy lui tint le même langage et lui assura que l'Autriche le recevrait en ami et en grand patriote.

Le 27 septembre, M. Thiers arrivait à Saint-Pétersbourg et le même jour, à deux heures, il se présentait chez le prince Gortchakov, dont l'accueil fut extrêmement cordial. Il l'avait autrefois connu simple ministre à Stuttgard. « Gortchakov était alors maigre, modeste et réservé. » Aujourd'hui, plein de santé, confiant en lui-même, il avait pris l'habitude de la domination depuis qu'il avait tenu l'Europe en échec dans la déplorable affaire de Pologne. M. Thiers recommença l'exposé des divers événements, déjà fait à Londres et à Vienne, pour prouver que la France n'était pas coupable de la guerre ; puis il chercha à dissiper les craintes qu'avait suscitées en Russie l'avènement de la République française. A cette observation : « Combien de temps existera le Gouvernement républicain ? Peut-on faire quelque chose de solide avec lui ? » M. Thiers répondit : « Ce Gouvernement est honnête, et j'affirme que les prochaines élections placeront la direction des affaires dans des mains modérées. — Ah, si c'était vous ! Mais ce sera vous, j'aime à l'espérer. »

Ayant rétabli la vérité sur la situation politique et militaire de la France, M. Thiers aborda l'examen des difficultés présentes. D'après lui, la Russie serait suivie de tous les Neutres, si, par une attitude résolue, elle cherchait à arrêter l'ambition toujours croissante de la Prusse. « Des menaces! fit le prince ; l'Empereur n'en fera point. Quand on menace, il faut être prêt à frapper; les idées ne sont pas de ce côté. » Puis, parlant de l'entrevue de Jules Favre et de Bismarck à Ferrières, il regretta qu'on n'eût pas accepté l'armistice en donnant Strasbourg, Toul et Verdun comme gages, sans compter Metz et le mont Valérien. M. Thiers expliqua le refus par la douleur de livrer Strasbourg au moment où cette place faisait une si belle défense, et aussi par les incartades de M. de Bismarck. Puis il fit entrevoir l'idée d'une alliance possible entre la France et la Russie. « Ce n'est pas aujourd'hui le moment de la conclure ; pas de marché! s'écria Gortchakov. Nous nous occuperons plus tard d'unir la France à la Russie! Pour l'instant, occupons-nous de la tirer du mauvais pas où elle se trouve. » M. Thiers voulut encore insister sur l'intervention de la Russie qui amènerait fatalement celle de l'Autriche, de l'Angleterre et de l'Italie, mais le prince l'interrompit par ces mots : « Ah! du collectif, du collectif! Je vous comprends, mais nous n'en voulons pas ; cela ne servirait qu'à irriter la Prusse, et nous perdrions l'influence très réelle que nous possédons à Berlin. »

Le lendemain 28, M. Thiers fut reçu par le tsar, qui parut satisfait de ses explications sur l'origine de la guerre et sur la stabilité probable du Gouvernement républicain. Il écouta les observations de l'illustre homme d'État sur les entreprises de la Prusse qui tendait à devenir une puissance conquérante, s'étendant du Sund au Danube, et sur la nécessité d'arrêter un tel débordement d'ambition. « Je sais, répliqua-t-il, combien est sérieuse pour l'Europe et pour mon empire la création d'une puissance telle que vous la décrivez. Je voudrais bien acquérir une alliance comme celle de la France, alliance de paix et non de guerre et de conquête. Indiquez-moi le moyen de vous aider, je l'emploierai volontiers... Je ferai tout ce que je pourrai, mais la guerre, il ne faut pas me la demander. » Après l'audience impériale, Gortchakov vint trouver M. Thiers et lui répéta ce que lui avait dit son maître : « La guerre? Nous ne pouvons la faire. — Alors, c'est la conduite de la France en 1866 que l'Europe va tenir. — Pas tout à fait, car, en 1866, il aurait suffi d'un mot pour arrêter la Prusse, et aujourd'hui il faudrait une grande guerre. — Non, si toute l'Europe parlait net ; même sans menaces, elle influerait sur la conduite de la Prusse. — La Prusse ne veut pas entendre parler des Neutres. Elle ne céderait que devant les Neutres en armes et ils ne prendront pas cette attitude. — Vous ne voulez rien faire, soit ; mais au moins n'empêchez pas les autres de faire. Pourquoi vous opposez-vous aux armements de l'Autriche ? — Vous touchez à un sujet des plus délicats, des plus difficiles à aborder ; *il y a là un engagement de l'Empereur auquel il ne faut pas se heurter. Laissons ce sujet, je vous en prie.* — Si j'étais chancelier d'Autriche, répliqua M. Thiers, je ne me gênerais pas et je vous défierais de me faire la guerre ! » Gortchakov embarrassé se borna à répondre que cela dépendrait de la frontière vers laquelle se dirigeraient les troupes autrichiennes. Cette réponse convainquit M. Thiers que le veto de la Russie était purement comminatoire et que si les Autrichiens n'en tenaient pas compte, ils ne courraient aucun danger. Puis, quittant ce sujet délicat, il amena le chancelier à parler des Italiens. Gortchakov l'assura en termes très nets qu'il pourrait faire là ce qu'il voudrait, et il ajouta : « Ah ! si vous aviez le moindre succès, comme tout s'arrangerait ! » Un mois après, il écrivait à lord Granville, qui offrait une timide médiation : « La Prusse a indiqué ses conditions de paix. Une victoire seule pourrait les modifier, et cette victoire n'est pas vraisemblable. »

Le 2 octobre, M. Thiers vit le prince héritier qui lui témoigna la plus grande sympathie, puis le grand-duc Constantin qui lui fit également très bon accueil. Il revit ensuite Gortchakov qui lui affirma qu'on sentait à Berlin le besoin de finir la guerre, mais que les Prussiens voulaient garder Strasbourg et Metz, c'est-à-dire l'Alsace et la Lorraine. Enfin, il lui lut un télégramme du tsar au roi de Prusse, ainsi rédigé : « M. Thiers est ici. Il est sage, modéré ; il peut seul obtenir de la France les concessions nécessaires pour faire la paix ; envoyez-lui des sauf-conduits. » M. Thiers repoussa ce texte, parce qu'il ne voulait pas avoir l'air d'admettre que les Français eussent tort de ne pas vouloir faire de concessions. Il demanda

seulement à être présenté pour un homme de bon sens qui trou-
verait peut-être un moyen de rapprochement, à la condition
que le télégramme ne serait envoyé qu'après entente de sa part
avec le gouvernement de la Défense nationale. Ce qui ressor-
tait de ces longs entretiens, c'est qu'Alexandre et Gortchakov
paraissaient désirer la paix ; qu'ils voulaient bien nous servir,
par condescendance pour l'opinion russe, mais surtout ne pas
renoncer à leur rôle amical avec la Prusse à cause des engagements pris auparavant.

Il y avait en effet partie liée entre la Prusse et la Russie.
M. de Bismarck qui, depuis trois ans au moins, préparait la
conquête de l'Alsace et de la Lorraine, avait fait comprendre au
prince Gortchakov que si on le laissait libre d'agir dans toutes
les éventualités qui pourraient surgir sur le Rhin, il laisserait
à son tour toute liberté à l'ambition des Russes en Orient, pro-
mettant comme toujours plus qu'il n'avait l'intention de tenir.
Le Cabinet de Saint-Pétersbourg qui, en fin de compte, devait
se contenter pour ses bons services de la suppression de l'article 2 du traité de 1856, avait, dès le 15 juillet 1870, averti le
Cabinet de Vienne qu'il ne lui permettrait pas de se prononcer
en faveur de la France et avait imposé une neutralité forcée au
Danemark. De plus, Gortchakov allait faire habilement de la
Ligue des Neutres, préconisée par lord Granville, une ligue
destinée à empêcher toute intervention collective, en affirmant
qu'une action isolée de chacune des puissances neutres était
préférable. Cette façon de se dérober mérita au Cabinet russe
les félicitations de Bismarck et au tsar la dépêche fameuse du
nouvel empereur qui, le 26 février 1871, lui disait : « Jamais la
Prusse n'oubliera que c'est à vous qu'elle doit que la guerre
n'a pas pris des proportions extrêmes. » Il a été rapporté
récemment par M. le général Faverot que, le 14 juillet, le général Fleury notre ambassadeur à Saint-Pétersbourg, avait été
solliciter, au nom de Napoléon III, la puissante et énergique
intervention d'Alexandre auprès du roi Guillaume pour empêcher la guerre d'éclater, et que le tsar avait prié le général
Fleury de demander à l'Empereur si, en échange de son intervention, il consentirait à annuler le traité de 1856. A cette
demande immédiatement télégraphiée aux Tuileries, Napoléon

aurait répondu : « L'Angleterre a toujours été pour moi une amie fidèle. Je ne puis manquer aux engagements que j'ai contractés envers elle. » Sur ce, le tsar aurait dit avec tristesse : « Malgré mon amitié pour votre empereur et pour la France, je suis obligé de laisser les événements suivre leur cours. » Le fait, rapporté d'après le général Fleury, est très vraisemblable, mais il a dû se passer avant le 14 juillet, car à cette date la Russie était déjà liée avec la Prusse et s'était formellement engagée à la neutralité.

Le 4 octobre 1870, M. Thiers repartait pour Vienne où il arrivait le 8. Il vit cette fois l'empereur François-Joseph qui lui témoigna son chagrin des malheurs de la France et le désir qu'il aurait eu de pouvoir la secourir. Le souverain était maigri, vieilli, profondément triste, dévoré de soucis. Les triomphes de la Prusse et la dislocation de la monarchie austro-hongroise semblaient le désoler. M. Thiers revit ensuite MM. de Beust et Audrässy qui lui répétèrent que les préparatifs de l'Autriche étaient encore trop insuffisants pour lui permettre de s'exposer aux représailles des Prussiens et aux attaques des Russes. « L'intervention des Italiens, dit M. de Beust, est le seul moyen de généraliser la guerre. Pour aller chez eux, il faudrait passer chez nous ; nous sommes donc leurs alliés nécessaires. Si la guerre se généralise, vous êtes sauvés. » En résumé, l'Autriche était impuissante ; l'Angleterre croyait n'avoir pas intérêt à prendre parti pour nous et la Russie était retenue par des engagements avec la Prusse. Restaient donc les Italiens.

Le 12 octobre, M. Thiers arrivait à Florence et, le lendemain même, il voyait le roi. A la demande d'intervention de M. Thiers, Victor-Emmanuel se rejeta sur ses ministres et sur le Parlement. Le 15 octobre, M. Thiers conféra avec les ministres italiens et fit les plus grands efforts pour les convaincre sans parvenir toutefois à les entraîner, leur parti étant pris d'avance. En vain, chercha-t-il à les rassurer contre la crainte d'une pression extérieure et contre les dangers d'une rencontre malheureuse avec les Prussiens, puis par l'offre d'un subside ; il ne lui fut fait que de pauvres réponses.

Les ministres alléguèrent qu'il serait trop hardi d'agir sans le Parlement, qui ne pouvait être réuni que dans un mois. Avec beaucoup de ménagements, M. Thiers essaya, mais sans pouvoir y arriver, à éveiller chez eux des sentiments de gratitude. Tenant un langage autrement politique et patriotique que celui qu'avait tenu M. Senard, notre envoyé extraordinaire, il leur dit : « La France périt pour avoir fait l'unité italienne qui a provoqué la formation de l'unité allemande. En aidant l'Italie, nous nous étions réservé de garder Rome au Saint-Père pour des raisons de haute politique, et l'Italie a profité de ce que nous étions accablés par nos ennemis pour nous enlever Rome. Enfin, quand la France demande un secours qui la sauverait à l'Italie qui pourrait le lui donner sans danger, celle-ci le lui refuserait ! La Prusse laissera-t-elle l'Europe en repos après cette guerre ? Et qui sait si l'unité italienne pourra subsister sans notre appui ? » Pour toute réponse, Victor-Emmanuel et ses ministres renouvelèrent leurs protestations d'attachement en même temps que leurs regrets de ne pouvoir nous secourir.

Le 21 octobre, M. Thiers, revenu à Tours, alla immédiatement au siège de la délégation du gouvernement de la Défense nationale. Il rendit compte de sa mission en Europe, puis exposa la grave question de la réouverture des négociations diplomatiques et ce qui avait été convenu à ce sujet avec le prince Gortchakov. A ce moment, M. de Chaudordy vint communiquer une dépêche du Cabinet britannique d'après laquelle l'Angleterre proposait aux deux parties belligérantes un armistice pour que la France pût convoquer une Assemblée constituante. Le Conseil accepta avec empressement la proposition anglaise, mais, sur la demande de M. Thiers, accepta aussi la proposition russe et le projet de télégramme que l'empereur Alexandre devait envoyer au roi de Prusse pour demander un sauf-conduit, afin que M. Thiers pût aller à Paris et de Paris au quartier général prussien. On décida, malgré l'opposition de Gambetta, que l'armistice aurait pour but l'élection d'une Assemblée constituante, à la condition que Paris fût ravitaillé. Le 25, on apprit la capitulation de Metz qui compromettait si gravement la situation, et, au même moment, le général Von der Tann fit remettre par l'évêque d'Orléans à M. Thiers des sauf-conduits pour l'attirer à Versailles. M. Thiers les renvoya aussitôt en faisant connaître qu'il en attendait d'autres pour aller d'abord à Paris consulter le Gouvernement. Le 27, M. Okouneff vint apporter une dépêche de Gortchakov qui annonçait le consentement du roi de Prusse aux vœux de l'empereur Alexandre, et, le 28, M. Thiers partit pour Paris en passant par Orléans.

Après deux jours d'un pénible voyage, M. Thiers arrive à Versailles le 30 octobre et, faisant au chancelier allemand une très courte visite, lui dit : « Je ne puis vous parler que pour vous dire que je ne puis vous parler. » M. de Bismarck approuve ces scrupules et le fait accompagner jusqu'au pont de Sèvres. Là, après le signal fait par le drapeau blanc des parlementaires, une barque se détache de la rive opposée et vient chercher l'intrépide homme d'État. Il passe la Seine et se rend au quartier général français, puis au ministère des Affaires étrangères. Le soir même, il apprend au Gouvernement la terrible capitulation de Metz et la proposition faite par l'Angleterre et la Russie de signer un armistice pour l'élection et la convocation d'une Assemblée constituante, ce qui permettrait aux armées de province de se constituer et de s'accroître, de se ravitailler et de rendre au pays la direction de ses destinées. Après une longue discussion, on adopte l'idée de l'armistice aux deux conditions suivantes : « Ravitaillement proportionnel à la durée de l'armistice ; liberté des élections dans toute la France. » Paris est bientôt au courant de ce qui se passe ; l'agitation est grande à la nouvelle de la capitulation de Metz. Le bruit court que M. Thiers est venu imposer l'armistice au nom de la Prusse. Les révolutionnaires s'agitent et l'on craint une journée. Nous sommes à la date historique du 31 octobre, M. Thiers traverse de nouveau la Seine et, le 1er novembre à midi, va conférer à Versailles avec M. de Bismarck sur le projet d'armistice. Le chancelier n'en repousse pas l'idée, mais il conteste que la proposition en ait été faite par les Neutres ; ce qui était faux, car sir Edward Malet, au nom de lord Lyons, était allé à Versailles traiter avec lui de ce sujet et, d'autre part, Gortchakov s'était fait à cet égard l'interprète officiel des désirs d'Alexandre.

M. de Bismarck, considérant que l'armistice serait beaucoup plus favorable à France qu'à la Prusse, exige alors en compensation quelque avantage militaire sérieux, tel que la remise aux Allemands d'un fort de Paris ; puis, touchant à la question politique, il déclare qu'il ne demande pas mieux que d'avoir affaire à une représentation régulière de la France, mais il dit qu'il a au besoin le choix entre la restauration de l'Empire, le gouvernement républicain et même la monarchie des Bourbons. « Comment le choix ? s'écrie M. Thiers. — Oui, car vous savez sans doute que Napoléon III a appelé auprès de lui les maréchaux prisonniers ; il délibère avec eux et avec l'Impératrice ; nos deux ou trois cent mille prisonniers pourraient leur composer une armée ; ils rappelleraient le Sénat et le Corps législatif et déclareraient non avenu le gouvernement de la Défense nationale. — Après les calamités que les Bonaparte ont attirées sur la France, personne ne les supporterait. — J'ai seulement voulu, continue M. de Bismarck sans s'émouvoir, vous prouver qu'à défaut du gouvernement de l'Hôtel-de-Ville nous pourrions trouver d'autres signataires de la paix. »

Ceci dit, on revint à l'armistice, à sa durée et au ravitaillement. Quant à la question des élections, M. de Bismarck s'opposait à la consultation des électeurs en Alsace et en Lorraine. M. Thiers s'éleva avec vivacité contre cette prétention. « Jamais, dit-il, nous ne laisserons préjuger une question de territoire », et, à l'accusation de l'ambition insatiable de la France, il répondit par une démonstration saisissante de l'ambition inassouvie de la Prusse, depuis le temps du Grand Électeur. Sur ce, la conférence prit fin. Le lendemain, 3 novembre, on discuta les bases de la convention : « Cessation des hostilités — convocation d'une Assemblée — vingt-huit jours d'armistice — liberté des élections — ravitaillement, etc... » Au cours de la conversation, M. de Bismarck fit entendre que, s'il était Français, il voudrait fonder un bon gouvernement en réunissant les partisans du comte de Chambord et ceux du comte de Paris, puis il offrit à M. Thiers de le mettre en relations avec les princes d'Orléans, s'il le désirait : « J'aime et je respecte les princes d'Orléans, répondit M. Thiers, mais je crois qu'ils auraient tort de vouloir en ce moment faire acte de prétendants. Ma conduite, uniquement inspirée par l'intérêt de la France, a toujours été loyale; elle le sera également avec la République. J'ai dit à ses chefs que s'ils nous donnaient un gouvernement sage et bien ordonné, nous l'accepterions; qu'autrement nous reviendrions à nos préférences. Nous serons fidèles à cette promesse. »

Le lendemain, nouvelle conférence. M. de Bismarck, qui paraissait très préoccupé, apprit à M. Thiers que la Commune avait été proclamée à Paris. Attristé, mais non surpris par cette nouvelle, celui-ci proposa au chancelier d'envoyer un de ses secrétaires aux avant-postes de Sèvres pour voir ce qui était réellement arrivé. M. Cochery, qui avait été chargé de cette mission, revint bientôt annoncer la victoire de l'ordre sur le désordre. M. de Bismarck, peu satisfait, reprit la négociation et déclara que le Roi et le parti militaire n'accorderaient le ravitaillement de Paris qu'à la condition de la cession d'un fort. M. Thiers ne put accepter de telles conditions et pria de nouveau M. Cochery d'aller informer le gouvernement de la Défense nationale de son refus. Pendant ce temps, M. de Bismarck fit entendre à M. Thiers qu'après la capitulation de Paris amenée par la famine, les Prussiens demanderaient l'Alsace, la Lorraine, et, en fait d'indemnité, la valeur de deux budgets français.

M. Thiers déclara que jamais la France ne serait en état de payer quatre milliards... Hélas ! c'était cinq milliards qu'en fin de compte elle devait avoir à payer. M. de Bismarck parut fléchir, et son interlocuteur crut deviner que deux milliards, avec l'Alsace et une partie de la Lorraine sans Metz, pourraient être les conditions d'une prochaine paix. Alors M. Thiers sentit redoubler en lui l'énergie du devoir et le désir de décider le gouvernement de Paris à faire immédiatement les élections, même sans ravitaillement. Le 5 novembre, une barque le transporta de nouveau aux avant-postes français où l'attendaient M. Jules Favre et le général Ducrot. Il leur fit connaître la situation. M. Jules Favre et le général Ducrot répondirent qu'il serait impossible de faire accepter à Paris un armistice sans ravitaillement. Toutefois, le ministre des Affaires étrangères se chargea de porter les propositions à la connaissance du Gouvernement, dont M. Cochery devait rapporter la réponse le lendemain à Versailles. Le 6 novembre, M. Cochery remit à M. Thiers

un pli qui contenait deux dépêches; l'une l'invitant à rompre
toute négociation et à quitter le Quartier général prussien, l'autre
adressée à la Délégation de Tours. M. Thiers se rendit alors
chez M. de Bismarck pour lui notifier cette décision, et celui-ci,
après lui avoir exprimé des regrets plus ou moins sincères, lui
fit ses adieux en lui réitérant le désir de le revoir bientôt pour
pacifier les deux pays.

Ils devaient se revoir en effet, mais dans quelle situation!
Paris, cédant enfin aux angoisses de la famine, avait capitulé.
Nos armées de province, privées pour la plus grande partie de
leurs cadres et de leurs officiers, étaient réduites à un petit
nombre d'hommes, étant donnée l'immense supériorité numé-
rique de l'ennemi auquel ne manquaient ni les cadres ni les
approvisionnements de toute nature et que des succès inespérés
avaient profondément enorgueilli. Devant M. de Bismarck
triomphant, et à qui la Prusse était redevable en grande partie
de ses victoires, le seul avantage de M. Thiers nommé chef du
pouvoir exécutif par l'Assemblée nationale était d'avoir été
élu par vingt-sept départements, ce qui attestait la confiance du
pays dans ses lumières en même temps que sa reconnaissance
pour les services déjà rendus. Le mardi 21 février, à une heure
et quart, M. Thiers arriva chez M. de Bismarck, rue de Pro-
vence, à Versailles. Venant à sa rencontre, le comte lui dit :
« Ce n'est pas à vous que devait incomber une pareille tâche !
Je ne sais si la France vous a fait du bien, mais je sais qu'elle
s'en est fait beaucoup à elle-même en vous confiant ses destinées. » Le compliment fait, il passa aussitôt à la question de
la prolongation de l'armistice et parut s'y opposer. M. Thiers
fit observer que l'armistice expirait dans quarante-huit heures
et que ce délai était insuffisant pour conclure un traité de paix.
Il refusait de se prêter à ce qu'il considérait comme une véritable violence. La convocation de la nouvelle Assemblée, sa
réunion, sa constitution, la formation du cabinet, tout cela avait
été fait en deux jours, et lui, une heure après avoir présenté
ses ministres à l'Assemblée, était parti immédiatement pour
Paris, puis à peine arrivé dans la capitale, s'était rendu presque

aussitôt à Versailles. Cette rapidité n'était-elle pas la preuve de sa bonne volonté? Pouvait-il faire davantage? Et, d'autre part, avait-on la prétention de l'enfermer dans un cercle d'heures aussi étroit? C'était là une oppression intolérable à laquelle il ne se soumettrait pas.

M. de Bismarck, embarrassé plutôt que vaincu, lui dit : « Je ne suis pas le maître. On me reproche d'être trop faible. On recommence la campagne dirigée contre moi à Prague (en 1866) et qui me fit tant de mal; on dit que je ne puis vous réduire. — Quoi! vous, l'auteur de la grandeur de la Prusse, vous n'êtes pas le maître? — C'est pourtant ainsi; il faudra donc que je vous quitte pour aller prendre les ordres du roi. » Alors M. Thiers demanda à voir lui-même le souverain pour essayer d'émouvoir son cœur; mais M. de Bismarck, un peu soucieux, lui répondit : « Sans doute il faut le voir, mais ne le poussez pas trop. Les rois, voyez-vous, ne sont pas habitués à une vie aussi laborieuse que la nôtre. A son âge, il a besoin qu'on ménage ses forces. D'ailleurs, il n'aime pas à parler d'affaires hors de la présence de ses ministres. — Eh bien! reprit M. Thiers, arrivons maintenant aux conditions de la paix. — Je m'en suis déjà expliqué avec vous, repartit M. de Bismarck. Je ne veux pas maquignonner, car ce serait peu digne. Je pourrais vous parler de l'Europe et vous demander en son nom de rendre la Savoie et Nice à qui elles appartiennent. Je n'en ferai rien et ne vous parlerai que de l'Allemagne et de le France. Je vous ai demandé déjà l'Alsace et certaines parties de la Lorraine. Je vous rendrai Nancy, quoique le ministre de la Guerre veuille le garder; mais nous conserverons Metz, pour notre sûreté. » Dominant son émotion, M. Thiers répondit froidement : « Vous n'avez parlé que de la partie allemande de la Lorraine? — Sans doute, mais il nous faut Metz, il nous le faut pour notre sûreté. — Continuez. — Quand je vous ai vu, en novembre, je vous avais demandé quatre milliards, il nous en faut six aujourd'hui. — Six milliards! mais personne au monde ne pourrait les trouver. Ce sont des militaires qui vous ont suggéré ces chiffres. Comment! l'Alsace, Metz et six milliards! Tout cela, c'est impossible. Nous discuterons, et pour discuter, il nous faut du temps; prorogeons d'abord l'armistice. Je ne maquignonnerai pas plus que vous; mais je vous ferai connaître mes conditions... et puis, si vous me demandez l'impossible, je me retirerai et vous gouvernerez la France! » C'est sous l'impression de ces paroles que M. de Bismarck quitta son interlocuteur pour aller demander au Roi la prolongation de l'armistice. Elle fut accordée jusqu'au dimanche 26 à minuit; puis M. Thiers fut informé que le Roi le recevrait le lendemain.

Il est facile de se représenter les angoisses que dut éprouver M. Thiers après cette première entrevue et la nuit terrible qu'il dut passer. Céder Strasbourg, Metz, l'Alsace, la Lorraine et consentir à une indemnité de six milliards, tel était le prix d'une guerre folle qu'il avait en vain cherché à éviter à son pays; tel était le prix de ses efforts infatigables pour nous concilier une Europe indifférente, jalouse ou complice! Arrivé à l'âge de soixante-treize ans, après une vie de labeurs sans pareils, en être réduit à assumer sur sa tête la plus douloureuse et la plus écrasante des responsabilités! Si encore, dans le naufrage où sombrait la patrie, il pouvait sauver quelques débris de sa gloire passée et garder quelques lambeaux du sol sacré! Mais comment l'espérer, en face de vainqueurs âpres et farouches, enfiévrés par toutes les ambitions et toutes les exigences, infatués de leurs victoires et ne rencontrant devant eux aucune puissance capable de les modérer? Si un sentiment ardent et patriotique du devoir à accomplir ne l'avait soutenu, qui aurait pu s'étonner que M. Thiers, trouvant le fardeau trop lourd pour ses épaules, se fût retiré tout à coup et eût laissé à d'autres la responsabilité d'une paix aussi redoutable?... Dans sa récente *Histoire de la France contemporaine,* M. Gabriel Hanotaux a dit que M. Thiers, allant trouver M. de Bismarck à Versailles, avait désiré « ce tête-à-tête si dangereux pour lui » et il l'en a blâmé, en déclarant qu'il n'avait ni les aptitudes ni l'expérience d'un négociateur. Il a cru pouvoir constater que son voyage en Europe n'avait indiqué en lui « aucune supériorité technique » et affirmer qu'il n'avait pas su lire dans le jeu des gouvernements auxquels il avait eu affaire. Enfin, lui reprochant d'avoir pris, depuis sa rentrée en France, l'attitude déclarée de « chef du parti de la paix », il l'a accusé de se montrer prêt d'avance aux plus grands sacrifices. Ces reproches sont injustes. Nous avons vu, dans la première partie de cette étude, avec quel zèle, quelle intelligence, quelle ardeur M. Thiers avait tour à tour supplié lord Granville, Gladstone, de Beust, Gortchakov, Visconti-Venosta et les souverains eux-mêmes d'intervenir en faveur de la France. Si l'Europe avait été pour lui « introuvable », elle l'eût été encore davantage pour d'autres, et ce n'est vraiment ni M. de Chaudordy, ni quelque autre diplomate de carrière qui eût pu faire mieux que lui.

On se plaint encore que M. Thiers, au lieu d'avoir les allures froides et gourmées d'un négociateur de profession, eût été « vif, ouvert et un peu verbeux ». Mais M. de Bismarck lui-même, dont on vante l'observation attentive, l'audition patiente et le parler hésitant, ne se gênait pas pour converser sans cesse avec M. Thiers de choses et d'autres, prenant tour à tour le ton de la confiance et de la bonhomie et, au moment le plus décisif et le plus urgent des négociations, se répandant en anecdotes intarissables sur le roi, le prince royal, M. de Moltke, les courtisans, la Cour, etc. Il est évident que c'était un rude adversaire, extraordinairement redoutable, habile à ourdir des pièges, à circonvenir et à surprendre ceux qui avaient la prétention de jouter avec lui. Mais, encore une fois, au mois de février 1871, où était le diplomate plus fort et plus autorisé que M. Thiers pour rivaliser avec M. de Bismarck? Où était l'homme d'État plus rompu que lui aux affaires, possédant mieux que lui la connaissance des souverains, des ministres et des pays étrangers, ayant autant de réputation que lui comme politique, économiste, historien et penseur? Qui donc avait plus que lui le sentiment de la nécessité de la reconstitution de la France et de ses forces vitales? Les courages et les bonnes volontés ne manquaient pas, mais en ces heures de périls et d'angoisses, il fallait y ajouter la sagesse et l'expérience. Ces qualités maîtresses, M. Thiers les possédait au suprême degré, et je répète qu'il n'est pas juste de l'accuser d'avoir manqué des aptitudes nécessaires pour la plus redoutable des négociations. Quant au reproche d'avoir songé à faire la paix quand même, il ne porte pas. En effet, le pays, aux élections du 8 février 1871, avait nettement manifesté sa volonté d'en finir

avec une guerre néfaste qui, malgré le dévouement héroïque
de ses enfants, n'avait abouti qu'à des désastres. Les efforts
pacifiques, tentés par M. Thiers dès le mois de septembre 1870,
avaient attiré la juste attention de la France sur lui et lui
avaient mérité les suffrages spontanés de vingt-sept collèges.
La lutte de la France contre la Prusse avait été longue et opiniâtre. L'honneur était sauf. Il fallait maintenant préserver ce
qui restait de la fortune du pays, restaurer les ruines et assurer
l'avenir. C'est cette tâche effrayante que le nouveau Chef du
pouvoir exécutif accepta résolument, et l'histoire doit lui en
être reconnaissante.

M. Thiers, le mercredi 22 février, se rendit à la préfecture de
Versailles chez le roi, qui le reçut immédiatement. M. Thiers
savait d'avance que l'entretien roulerait particulièrement sur
l'entrée des Prussiens à Paris. M. de Bismarck, en effet, lui en
avait parlé la veille, ce qui l'avait beaucoup effrayé. « Comment,
avait dit M. Thiers, pour une satisfaction d'amour-propre vous
vous exposeriez à une catastrophe? Car si Paris était saccagé,
nous en souffririons sans doute ; mais vous seriez déshonoré et,
après une pareille tragédie, la paix serait impossible! — Si
vous avez à compter avec la dignité du peuple de Paris, riposta
M. de Bismarck, j'ai, moi aussi, à compter avec la gloire de
l'armée prussienne et à prendre garde qu'on ne puisse dire,
comme vos journaux le font tous les jours, que cette armée,
venue aux portes de Paris, n'a pas osé y entrer. » Et, faisant
allusion à des lettres publiées par le général Trochu, il ajouta
que le roi était très offensé de ce que lui, souverain militaire,
eût été mis au défi de braver un coup de pistolet. Toutefois,
M. de Bismarck suggéra à son interlocuteur, comme un expé-
dient propre à tout concilier, de laisser occuper un quartier éloi-
gné dans Paris, tel que les Champs-Élysées. M. Thiers donna
lui-même au roi toutes les raisons contre l'entrée à Paris; il eut
soin naturellement d'écarter l'idée d'un attentat contre sa personne, mais il insista sur la possibilité d'une collision qui amènerait peut-être le sac de Paris. Le roi lui répondit de la dis-
cipline de son armée, disant que ses soldats avaient besoin
d'être ménagés et que leur interdire l'entrée de la capitale était
bien dur.

Le chef du pouvoir exécutif alla ensuite trouver le prince

royal qui le pressentit sur les conditions de la paix, et cela avec
des ménagements et une bienveillance qui lui donnèrent quelque espoir. Il revint ensuite chez M. de Bismarck. La journée fut
orageuse. Les deux interlocuteurs sortirent des généralités pour
préciser les faits. De là des discussions très ardentes. M. Thiers
réserva ses efforts pour sauver ce qui pouvait l'être encore, et
il affirma que les Français ne sauraient renoncer à aucune
partie de la Lorraine. Metz surtout fut l'objet d'une longue discussion de sa part, ce qui prouve, une fois de plus, l'erreur de
ceux qui l'accusent de n'avoir fait aucun effort pour sauver cette
malheureuse ville. M. Thiers rappela à M. de Bismarck qu'en
novembre il était moins exigeant. « Ce qui était possible en
novembre, répondit le comte, ne l'est plus aujourd'hui, après
trois mois d'effusion de sang. » Et il ajouta sèchement que si
notre résolution était de ne pas céder Metz, il fallait rompre
sur-le-champ la négociation. « Nous verrons bien si nous devons
rompre », répliqua M. Thiers, et il aborda le chiffre de l'indemnité de guerre. Six milliards paraissaient à M. de Bismarck
une somme très modérée. M. Thiers n'eut pas de peine à prouver que sur six milliards il y aurait au moins trois milliards de
bénéfice au profit de la Prusse, ce qui convertirait l'indemnité
en une spéculation financière. Le comte, qui semblait tenir
singulièrement à l'argent, comme tous ses compatriotes, et
qui suivait à notre égard la conduite âpre et avide de ses pré-
décesseurs en 1815, prétendit avec humeur que le chiffre de
l'indemnité lui venait de Prusse et qu'il ne pouvait rien décider avant d'avoir télégraphié à Berlin. Il fut alors convenu
que dès qu'il aurait reçu la réponse de Berlin, il enverrait
à Paris des hommes spéciaux pour traiter de ce sujet avec
M. Thiers.

Le lendemain, 23 février, MM. de Henckel et Bleichröder,
représentants financiers de M. de Bismarck, vinrent docilement
répéter à M. Thiers ce que leur maître lui avait dit la veille.
Le chef du Pouvoir exécutif démontra qu'une telle opération
financière était impossible et qu'on ne pourrait pas tirer aisé-
ment des capitalistes de l'Europe une somme aussi énorme.
M. Bleichröder, le premier banquier de l'Allemagne, en convint à peu près ; M. de Henckel, aventurier politique et
financier d'occasion, fit seul quelques difficultés pour recon-

naître ce fait. L'un et l'autre, paraissant à la fin compatir à notre situation, offrirent avec douceur leurs services pour régler cette indemnité, à la condition qu'on laissât à la Prusse le soin de percevoir les impôts en France. M. Thiers repoussa naturellement cette offre intéressée et répondit avec une juste fierté que la France saurait se suffire à elle-même.

Le même soir, le chef du Pouvoir exécutif réunit les quinze membres de la commission parlementaire que l'Assemblée lui avait donnés pour acolytes à Versailles. C'était MM. Benoist d'Azy, Teisserenc de Bort, le comte de Mérode, Desselligny, Victor Lefranc, Laurenceau, le baron Lespérut, Saint-Marc-Girardin, Barthélemy-Saint-Hilaire, Pouyer-Quertier, Vitet, Batbie, le général d'Aurelle de Paladines, l'amiral La Roncière Le Noury et l'amiral Saisset, tous patriotes, tous compétents, tous au courant des événements, tous disposés à agir dans le seul intérêt de la France. M. Thiers, très ému, leur fit un exposé complet des négociations. A son émotion répondit celle de ses collègues. Les conditions de la Prusse étaient tellement effroyables! Il est vrai que nous conservions la plus grande partie de la Lorraine, mais Metz était perdu!... M. Thiers laissa ses collègues dans l'inquiétude où il était lui-même à l'égard de la frontière de l'Est, surtout à l'égard de Belfort, le point le plus important de cette frontière. Arriverait-il à sauver cette ville héroïque qui avait résisté aux efforts acharnés des Prussiens pendant cinq mois et qui, comme Bitche, avait prouvé que là où se trouvent des hommes résolus à se défendre par tous les moyens et jusqu'à la mort, l'ennemi le plus opiniâtre est forcé de reculer. Après la perte de Strasbourg, après la perte de Metz, il fallait coûte que coûte garder Belfort, et c'est à quoi M. Thiers consacra une ténacité sans pareille. Quant à la question financière, il déclara à la commission qu'il n'accepterait pas le chiffre de six milliards. Ses collègues convinrent, en effet, qu'il était excessif, mais tous, en lui témoignant la plus grande confiance, pensèrent et dirent qu'il fallait signer la paix, car rien ne serait plus désastreux que de recommencer la guerre dans les conditions déplorables où se trouvaient les forces militaires et économiques du pays. Cette décision de la commission parlementaire prouve, contrairement à ce qui a été dit, que la commission a été consultée en temps utile et qu'elle a pris sa large part des responsabilités dans la grave question des préliminaires de la paix.

Le 24 février fut l'une des journées les plus dramatiques de cette douloureuse négociation. M. Kern, ministre de la Confédération helvétique, était allé parler à M. de Bismarck de l'intérêt qu'il y avait pour la France de conserver ses communications avec la Suisse, et il l'avait fait avec les meilleures intentions du monde. « Que venez-vous faire ici ? lui avait dit brutalement le comte. De quoi vous mêlez-vous ? C'est là une question qui doit se vider entre la France et nous ! Et vous, Neutres, vous n'avez pas à vous en mêler ; nous avons donné des conditions, elles sont irrévocablement fixées et nous ne les changerons pas. Si elles ne sont pas acceptées, la guerre recommencera ! » M. Kern épouvanté vint, aussitôt rentré à Paris, raconter cette scène à M. Thiers et lui fit entendre qu'il fallait renoncer à tout espoir de convertir M. de Bismarck à la modération et qu'il fallait se hâter de tirer la France du précipice où elle était tombée. Ce rapport n'était guère encourageant et M. Thiers partit fort inquiet pour Versailles. Là il revint une dernière fois sur la question de Metz, la ville française par excellence, et en demanda, avec les plus vives supplications, le maintien. M. de Bismarck daigna reconnaître qu'il était très impolitique de pousser la France au désespoir et ajouta qu'il aurait voulu modérer les exigences du parti militaire ; mais il déclara formellement qu'il n'y avait pas moyen de nous abandonner Metz. « En Allemagne, dit-il à ce propos, on m'accuse de perdre les batailles que M. de Moltke a gagnées. Ne me demandez donc pas l'impossible ! »

Cette fois, il était évident pour M. Thiers que le parti des Allemands était irrévocablement pris et qu'il fallait réserver tous ses efforts pour sauver la frontière de l'Est. « C'est alors, dit-il, que j'ai commencé au sujet de Belfort une lutte dont je me souviendrai toute ma vie. Belfort, c'est la frontière de l'Est ; en effet, si les troupes prussiennes peuvent venir par Verdun et Metz, les troupes de l'Allemagne du Sud viendront toujours par Belfort, surtout si la neutralité de la Suisse est violée. J'ai donc parlé de Belfort. » M. de Bismarck répondit que cette place était en Alsace et qu'il avait été décidé que l'Alsace, tout entière, devait passer à l'Allemagne. Pendant

de longues heures, tantôt menaçant, tantôt priant, M. Thiers
déclara que jamais il ne céderait Belfort. « Non, jamais,
s'était-il écrié, jamais je ne céderai à la fois Belfort et Metz.
Vous voulez ruiner la France dans ses finances, la ruiner dans
ses frontières? Eh bien ! qu'on la prenne, qu'on l'administre,
qu'on y perçoive des impôts ! Nous nous retirerons et vous
aurez à la gouverner, en présence de l'Europe, si elle le per-
met ! » Il prononça ces paroles avec un tel accent de désespoir
que M. de Bismarck, ému lui-même, lui prit les mains et lui
dit : « Croyez-moi, j'ai fait tout ce que j'ai pu... Mais quant à
vous laisser une partie de l'Alsace, c'est impossible ! » Mais
M. Thiers ne cédait pas. « Je signe à l'instant même, déclara-
t-il, si vous me laissez Belfort. Sinon rien, rien que les der-
nières extrémités, quelles qu'elles soient ! »

Devant une telle décision qui paraissait, ou plutôt qui était
indomptable, c'est le vainqueur qui est épuisé; c'est le vainqueur qui va être vaincu. « Vous le voulez ! s'écrie M. de Bismarck. Je vais faire une tentative auprès du roi, mais je ne
crois pas qu'elle réussisse. » Aussitôt il écrit deux lettres,
l'une qu'il fait porter chez le roi, l'autre chez M. de Moltke.
Puis s'adressant à M. Thiers : « Je demande Moltke, dit-il, car
il faut le mettre avec nous ; sans lui nous n'obtiendrons rien. »
Cette scène tragique est racontée en quelques mots de la
façon la plus saisissante : « Une demi-heure s'écoule ; tous
les bruits de pas dans l'antichambre nous faisaient battre le
cœur... enfin la porte s'ouvre. On annonce que le roi est à la
promenade et que M. de Moltke est absent de chez lui. Le
roi ne rentrera qu'à quatre heures ; M. de Moltke, on ne sait
quand. Nous nous décidons à attendre, car partir sans avoir
résolu la question, ce serait la perdre. M. de Bismarck nous
quitte pour aller dîner, et nous passons une heure, M. Jules
Favre et moi, dans une anxiété inexprimable. M. de Bismarck
reparaît. Le roi est rentré, mais on ne veut rien décider sans
avoir vu M. de Moltke. Celui-ci arrive. M. de Bismarck nous
quitte pour aller l'entretenir. Nous attendons. L'entretien nous
paraît long, M. de Bismarck rentre, le visage satisfait :
« Moltke, dit-il, est des nôtres, il va convertir le roi. » Nouvelle attente de trois quarts d'heure. On rappelle M. de Bismarck qui va s'informer de ce que rapporte M. de Moltke.

Après un entretien assez long avec lui, il revient et, la main sur la clé de la porte, il nous dit : « J'ai une alternative à vous « proposer. Que préférez-vous : Belfort ou la renonciation à « notre entrée dans Paris ? » — Je n'hésite pas, et, jetant un regard sur M. Jules Favre qui devine mon sentiment et le partage : « Belfort ! Belfort ! m'écriai-je. »

Et M. Thiers ajoute ces nobles paroles : « L'entrée des Allemands dans Paris devait être une souffrance pour notre orgueil, un danger pour nous, gouvernants ; mais la patrie avant tout ! »

Parti de Paris à onze heures du matin, M. Thiers quitte Versailles à neuf heures et demie du soir, ayant enfin conservé Belfort à la France. De dix heures à minuit, il s'entretient avec la commission parlementaire ; il lui raconte tout ce qui s'est passé et elle le remercie de ses vaillants efforts. Le lendemain, M. de Bismarck fit à M. Thiers, qui était revenu le voir, un surprenant accueil ; il lui reprocha au cours de la conversation de revenir sur des points déjà débattus et de chercher à reprendre sous une autre forme les avantages qu'il nous avait arrachés. Or, M. Thiers avait seulement essayé de réclamer la compensation avec le montant de la contribution de guerre, réduite sur ses instances à cinq milliards, de la fraction du capital de la dette publique proportionnelle à l'importance des impôts affectant les territoires cédés. Ce que M. de Bismarck ne disait pas, c'est qu'il avait reçu de lord Granville un télégramme qui protestait contre le chiffre de l'indemnité. Le chancelier furieux nous accusait dans un langage acerbe d'inventer des prétextes pour traîner les négociations en longueur et nous préparer à recommencer la guerre. « Vous n'avez d'autre but, dit-il enfin, que de rentrer en campagne ; vous y trouverez l'appui et les conseils de vos bons amis, messieurs les Anglais ! » Puis, s'échauffant davantage : « Je suis bien bon de prendre la peine à laquelle vous me condamnez ; nos conditions sont des ultimatums ; il faut les accepter ou les rejeter. Je ne veux plus m'en mêler. Amenez demain un interprète ; désormais je ne parlerai plus français ! » Alors il se mit à parler et à discourir en allemand avec une volubilité furieuse, tandis que M. Thiers gardait un silence désapprobateur. L'arrivée de M. Alphonse de Rothschild mit fin à cette pénible scène. Dès ce moment, M. de Bismarck changea du tout au tout, se montrant prévenant et même gracieux. M. Thiers reçut froidement ses politesses et le quitta vers onze heures du soir, sans lui avoir fait les concessions in extremis sur lesquelles comptait M. de Bismarck. Chaque article des préliminaires avait été discuté un à un, et il ne s'agissait plus que de les transcrire en double.

Le rendez-vous avait été donné pour la signature, le dimanche 26 à une heure. M. Thiers et M. Jules Favre y furent exacts, mais, soit par lenteur administrative, soit par un calcul prémédité, on les fit attendre plus de trois heures. Lorsque le texte des préliminaires fut lu et collationné devant les ministres de Bavière, de Wurtemberg et de Bade, M. de Bismarck, qui ne dissimulait pas sa joie, fit chercher pompeusement une plume d'or que les dames de Berlin lui avaient envoyée pour la circonstance. Sans laisser voir la douleur qui le déchirait, M. Thiers s'approcha d'une petite table à jeu où l'on avait déposé les actes et y écrivit lentement son nom. M. Jules Favre, gardant la même attitude, l'imita, puis tous deux se retirèrent.

« Remontés en voiture, a écrit M. Jules Favre, nous ne trouvâmes pas une parole à échanger pendant tout le trajet. Mon cœur était si oppressé qu'il m'étouffait. Immobile et comme foudroyé, M. Thiers succombait à son émotion. De Versailles jusqu'à Paris, ses yeux ne cessèrent de se mouiller de larmes. Il les essuyait sans dire un mot, mais il était facile de voir à l'expression de ses traits bouleversés qu'il était en proie à l'une des plus ineffables douleurs qu'il soit donné à l'homme de ressentir. » Les notes de M. Thiers ne contiennent à cet égard qu'une ligne ; mais elle est significative : « Journée la plus « cruelle de ma vie !... »

La première partie de la tâche immense entreprise par le chef du Pouvoir exécutif était terminée, Dieu sait au prix de quels sacrifices et de quels efforts ! La seconde partie, et non la moins belle, c'est-à-dire la libération du territoire, allait, comme nous l'avons vu, être accomplie par M. Thiers en moins de trois ans. C'est assez pour illustrer à jamais sa mémoire.

# LA "QUINZAINE"

## Revue Littéraire, Artistique et Scientifique

**PARAIT LE 1ᵉʳ ET LE 16 DE CHAQUE MOIS**

**PARIS, 45, Rue Vaneau, VIIᵉ**

Le 1ᵉʳ novembre 1902, **LA QUINZAINE** est entrée dans sa neuvième année d'existence.

Dans ce bref espace de temps, elle a pris une place importante au premier rang de la presse périodique, et son succès va s'affermissant tous les jours.

Placée depuis le 1ᵉʳ avril 1896 sous la direction de M. George FONSEGRIVE, l'auteur bien connu de l'*Essai sur le libre arbitre*, des *Lettres d'un Curé de campagne*, des *Lettres d'un Curé de canton*, du *Journal d'un évêque*, de *Catholicisme et Démocratie*, du *Catholicisme et la Vie de l'esprit*, de la *Crise sociale* et de plusieurs autres ouvrages que le public simplement philosophique et lettré n'apprécie pas moins que le public catholique, **LA QUINZAINE** fait nettement profession de dévouement au catholicisme.

Le patriotisme et l'amour qu'on y professe pour les institutions sociales les plus nouvelles et les plus hardies n'empêchent pas qu'on y admette l'expression documentée de toutes les opinions libres.

**LA QUINZAINE** est ouverte à toutes les compétences, et se fait gloire de n'appartenir à aucune école fermée, à aucun parti étroit.

Une brillante pléiade de rédacteurs venus de la presse libre, de l'Université, de l'Église, où se rencontrent, à côté de membres illustres de l'Institut et des maîtres les plus respectés, des talents plus jeunes mais non pas moins valeureux, lui ont conquis les faveurs du public.

Le prix de l'abonnement est de :

|  | Un an | Six mois | Trois mois |
|---|---|---|---|
| Paris, France . . . . . . . . | 24 fr. | 14 fr. | 8 fr. |
| Etranger (Union postale) . . | 28 fr. | 16 fr. | 9 fr. |

Abonnement spécial pour le Clergé et l'Université :

| | |
|---|---|
| France, un an . . . . . . . . . . . . . . . . . . . | 20 fr. |
| Etranger, un an . . . . . . . . . . . . . . . . . . | 24 fr. |

*Ces abonnements ne peuvent être pris pour moins d'un an.*

**LA QUINZAINE** est donc de toutes les grandes revues celle qui est le meilleur marché. Elle donne tous les quinze jours 144 pages de texte grand in-8° qui forment au bout de l'année six beaux volumes de 576 pages.

**LA QUINZAINE** envoie un spécimen gratuit sur demande affranchie.

**LA QUINZAINE** accepte l'échange avec les publications qui s'engagent à reproduire ses sommaires.

LA CHAPELLE-MONTLIGEON (ORNE). — IMPRIMERIE DE N.-D. DE MONTLIGEON.